Kokboken för dig som är lite ny i köket

AF209480

Förord

Vänner och bekanta har vid minst ett tillfälle önskat att jag ska skriva en kokbok för att dela med mig av mina kunskaper i köket. Denna bok är nu sprungen ur mitt genuina intresse för mat och min förhoppning är att mitt intresse ska smitta av sig på er läsare. Jag har jobbat med mat (både förpackat och oförpackat livsmedel) i över tjugofem år, det kändes som att det var dags för mig att skriva.

Stort tack till alla som hjälpt mig att få boken från idé till färdig produkt!

Utan en förstående familj hade denna lilla bok säkerligen inte kommit till, tack Jenny, Ludwig och Jacob! Jag lägger alldeles för mycket tid i köket, men ni låter mig.

Till sist, ett stort tack till dig som väljer att läsa min bok! Jag hoppas att du finner ämnet lika intressant som jag gör! Glöm inte att många av recepten även lämpar sig för storkok. Klimatsmart och plånboksvänligt!

P A R Ljunggren

KOKBOKEN FÖR DIG SOM ÄR LITE NY I KÖKET

Impressum

Illustration: Anges under bild. Omslagsfoto Eric Dunham.
Korrekturläsning: Rickard Ljunggren

Förlag: BoD – Books on Demand, Stockholm, Sverige
Tryck: BoD – Books on Demand, Norderstedt, Tyskland

ISBN: 978-91-7699-947-9

Innehållsförteckning

I

1. Grunderna i korvstekning

Hej kära läsare och medgastronom! Vad kul att du delar mitt intresse i köket! Jag hoppas att du i min enkla bok ska hitta en del matnyttiga råd! Tanken är att det ska vara rätt lättsmält läsning, matlagning ska inte vara snobbigt eller högtravande!

Se detta kapitel som grundläggande för resterande bok, ska du ha behållning av kommande recept bör du inte hoppa över detta kapitel som lägger basen för kommande matlagning. Även om du känner dig hyfsat van vid stekpannan så kan det ibland vara all idé att ta ett steg tillbaka och börja om för att få grunden rätt.

Korvstekning är egentligen rätt enkel och tacksam matlagning, det är inte så svårt som många tror och korv går rätt fort att tillaga om man jämför med till exempel långkok. Ibland kan det kännas främmande att ta sig an tillagning på stekpanna, då missbedömning av stektid kan få katastrofala följder för rättens smak och konsistens. Räds inte, självklart kan du också!

Det viktiga när man steker korv är att ha spisen på hög, men inte högsta, temperatur. Oavsett vad du har för skala på din spis så brukar det vara ett enkelt knep att steka på 2/3 av full effekt. Under själva uppvärmningsfasen av stekpannan kan man gott köra på full effekt då det är tidsbesparande. Glöm dock inte att sänka till nämnda 2/3 när korven läggs i pannan!

Tänk på att vända korven i halvlek så att den får stekyta på bägge sidor. Halvlek uppnås när korven så smått skiftar färg åt det mörkare hållet. Vad som är lagom för dig får du testa dig fram till. Jag gillar en korv som skiftat över rätt rejält åt det mörkare hållet, helt enkelt en korv som har det som på fackspråk brukar kallas "stekyta".

Värt att nämna är att korvarna ska vändas så att den sida som var neråt tidigare nu får agera ovansida. Då säkerställer du att korven är genomlagad och smakar gott. Att cirkulera korven ett halvt varv med- eller motsols istället ökar risken för att få korv som både är delvis bränd och dåligt genomlagad. Tänk även på att ha på dig simglasögon under hela stekningsperioden. Eftersom smöret i pannan smälter, finns alltid risken att det rinner ner i ögonen.

Till korven rekommenderar jag sötstark senap och korvbröd. Har man gäster och vill lyxa till det kan rostad lök vara på sin plats. Ibland fuskar jag och njuter av rostad lök trots avsaknad av gäster, lite vardagslyx måste man få unna sig! Vill man variera sig kan man ha pasta istället för korvbröd, men det får vi vänta med till kommande kapitel.

Tips! Ett kraftigt rödvin passar till många kötträtter!

Hoppas det smakar!

Foto: Eric Dunham

2. Tusenfoting

Precis som flera av er läsare upptäckte jag glädjen med att skapa i köket först på senare år. Har man väl släppt rädslan för att göra bort sig i köket öppnar sig en helt ny värld! Jag brukar säga "friskt vågat, hälften vunnet"! Var inte rädd för att prova något nytt!

Nog om detta och vidare till en lite ovanligare meny. I detta kapitel har jag valt att ta upp rätten "Tusenfoting". Ingredienserna är tjock korv och spaghetti, mängd avgörs av antalet ätande gäster och vänner. Till detta behöver du en stor gryta och en ledig platta av lämplig storlek på spisen.

Så här går du till väga när du kokar pasta:

Fyll kastrullen med vatten. Lämna ca tre cm på toppen då kokande vatten har en tendens att röra sig lite oroligt och det är lätt hänt att du i annat fall står med en blöt spis som behöver torkas. Tillsätt ett snäpp salt och en klick smör eller olja avsedd för matlagning. När vattnet börjar koka ska du sänka spisen något snäpp. Att vattnet kokar märker du då det syns på vattenytan som blivit orolig. Ofta lägger man också märke till att det börjat låta lite från kastrullen om inte köksfläkten överröstar. Sänk ner pastan i vattnet och låt pastan koka i exakt det antal minuter som enligt förpackningen rekommenderas. Till denna del av planeringen kan man med fördel använda läsglasögon.

Glöm inte att starta tidtagningen! Har du inget stoppur tillgängligt kan du använda dig av din mobiltelefon. Rör om i pastan när andan faller på. När pastan har kokat färdigt tömmer du ur kastrullen i ett durkslag för att bli av med allt vatten, därefter kan du hälla tillbaka pastan i grytan som inte längre innehåller vatten. Tillsätt en klick smör eller olja avsedd för matlagning, för ökad lyster och fräschör i maträtten.

Till just detta recept ska det vara spaghetti. Spaghetti tillagas precis som övrig pasta. För att korven ska bli tusenfoting har jag trätt spaghettiströn igenom, som ska efterlikna tusenfotingens ben. Korven ska därefter kokas lika lång tid som pastan vi har till. Viktigt att tänka på är att trä igenom spaghettin innan den är kokt, eftersom det är mycket enklare och besparar dig tid och flertalet svordomar.

Servera med ketchup och senap, som denna gång kan få symbolisera salladsbuffé. Är du inne i en social svacka och har "dinner for one" kan jag rekommendera dig att äta ur kastrullen. Klimatsmart och tidsbesparande! Har du, precis som jag, en hälsosam livsstil kan jag rekommendera fullkornspasta som du ofta hittar i välsorterade livsmedelsbutiker.

Ett glas rött till maten om det är helg är inte fel. I annat fall kan man alltid ta en Loka eller Ramlösa, så känns det lite som ett restaurangbesök.

Hoppas det smakar!

Foto: Rickard Ljunggren

3. Tacoskorv

Vill du sätta lite internationell prägel på din matlagning kan detta vara ett recept för dig! Många använder tunnbröd men jag väljer istället mjukt tacosbröd då jag tycker att det är spännande med mat från andra kulturer. Tacos har ju verkligen tagit svenska befolkningen med storm! Många barnfamiljer har tacosfredag varje vecka, då kan kanske detta enkla recept vara en välkommen omväxling?

Korvstekningen går likadant till som i kapitel 1, bläddra tillbaka om du behöver en repetition. Mitt förslag är att du memorerar grunderna i stekning, mycket tid kan vara vunnen om matlagningen sitter i ryggmärgen. Har man väl stekt korv några gånger är det precis som med cykling. Har man en gång lärt sig... Lagar du mat under tidspress går det även att tillaga korven i mikrovågsugn. Smaken är ju som bekant olika, jag föredrar korv tillagad på stekjärn eller grill.

Jag väljer ofta att garnera rikligt med sötstark senap, men för många är ketchup ett lika självklart tillval. Har du en finare bjudning eller om du gillar vardagslyx och skaldjur är det inte fel med en rejäl slev räksallad

Tänk på att börja med att vika upp brödet i botten innan du rullar ihop brödet, då riskerar du inte att alla goda tillbehör rinner ut. Du skapar helt enkelt en ficka längst ner. Bra att ha ifall risken finns att din smaksättare i annat fall rinner ut undertill! Efter att ha vikit upp botten fortsätter du med att rulla ihop sidorna.

Om du, precis som jag, har en "fitness lifestyle" kan jag rekommendera dig att lägga två korvar i brödet. Då är du säker på att du får det proteintillskott som är viktigt om man tränar mycket.

Hoppas det smakar!

Foto: Rickard Ljunggren

4. Fisk en gång i veckan

Jag upplever att många av dagens familjer sällan serverar fisk i hemmet. Man har kanske svårt att få tiden att räcka till matlagning som kräver lite mer? Eller så är man inte helt van och bekväm med fiskanrättningar? Det är lätt hänt att man gör det enkelt för sig när kanske både tid och ork saknas, men man ska inte glömma att fisk är både gott och nyttigt. Barn som växer upp i ett hem där det inte serveras fisk har dessutom en tendens att inte själva tillaga fisk när dom skaffat eget bo. Nog med förmaningstal nu, över till själva matlagningen. Med detta recept vill jag inspirera dig till att servera fisk en gång i veckan. Till fisken har jag här valt vällagad pasta och sås som gifter ihop rätten och får råvarorna att höja sig ett extra snäpp. Till dagens meny behöver du en stekpanna, köksredskap till att vända fisk i pannan med, en kastrull och en pastaslev. Individuellt behov av läsglasögon kan även finnas.

Ingredienser:

Smör eller olja avsedd för matlagning till stekpannan och kastrullen

Fiskpinnar och pasta

Vatten till kastrullen

Salt till kastrullen

Sås till rätten. Till detta recept föll valet på remouladsås som ofta känns lämpligare än ketchup till fiskrätter. Jag har testat med senap, men det gifte inte ihop sig så bra med fisken som man kan tro. Remouladsåsen kräver inget förarbete, den finns färdig på flaska eller tub. Att tänka på är att remouladsåsen inte ska värmas, den serveras kall. Är det storhelg, eller om en familjemedlem fyller år, kan man piffa till rätten med rostad lök.

Tillagning:

Fisken

Sätt stekjärnet på den stora plattan på spisen och starta spisen på högsta värme. Tillsätt en klick smör eller liknande som fisken ska stekas i. När smöret smält sänker du värmen på spisen ett par snäpp och lägger fisken i stekjärnet. Precis som när du steker korv, ska du vända fisken i halvlek. Då säkerställer du att fisken är genomlagad och att den har fått fin stekyta på bägge sidor.

Pastan

Sätt kastrullen på lämplig och ledig platta och starta spisen på högsta värme. Fyll kastrullen med vatten, men lämna ca tre cm på toppen då kokande vatten har en tendens att röra sig lite oroligt och det är lätt hänt att du i annat fall står med en blöt spis som behöver torkas. Tillsätt ett snäpp salt och en klick smör eller liknande. När vattnet börjar koka ska du sänka spisen något snäpp. Att vattnet kokar märker du då det syns på vattenytan som blivit orolig. Ofta lägger man också märke till att det börjat låta lite från kastrullen om inte köksfläkten överröstar.

Sänk ner pastan i vattnet och låt pastan koka i exakt det antal minuter som enligt förpackningen rekommenderas. Till denna del av planeringen kan man med fördel använda läsglasögon. Glöm inte att starta tidtagningen! Har du inget stoppur tillgängligt kan du använda dig av din mobiltelefon. Rör om i pastan när andan faller på. När pastan har kokat färdigt tömmer du ur kastrullen i ett durkslag för att bli av med allt vatten, därefter kan du hälla tillbaka pastan i grytan som inte längre innehåller vatten.

Servera rätten medan maten är varm, tillsammans med remouladsåsen som ska vara kall.

Är det helg vill du kanske ha ett glas vin till maten? Ofta fungerar vita viner bättre än röda till fiskrätter.

Hoppas det smakar!

Foto: Rickard Ljunggren

5. Piroger

I kapitel fem ska vi grädda smaskiga piroger på löpande band. För dig som undrar vad en pirog är så skulle man kunna kalla pirogen för en kroppkaka från Östeuropa. Just dessa vi tar upp i detta kapitel är fyllda med köttfärssås, men många varianter förekommer.

Viktigt att tänka på är att säkerställa att pirogerna är helt genomlagade. Enligt förpackningen ska pirogerna gräddas i mikrovågsugn under 60 sekunders tid, men vår mikrovågsugn krävde 75 sekunders tid för att få jobbet gjort. Det gäller att inte slarva, man måste känna efter med ett finger så att pirogen är gräddad ända in i mitten. Ett gyllene tillfälle att träna upp fingertoppskänslan, en kall pirog gör ingen lycklig.

För er som eftersöker en komplett kostcirkel kan jag rekommendera att spritsa ketchup på pirogen efter gräddning. Ibland väljer jag att med säker hand strössla på lite rostad lök. Gör du det vid matbordet får du lite samma känsla som när hovmästaren smaksätter din tallrik med nymalen peppar. Vardagslyx!

Har du gäster kan du garnera tallriken med lite sallad, precis som bilden visar. Vid fotosessionen valde jag kvisttomater, som både är gott och gör sig väl på bild.

Till maten kan jag rekommendera en alkoholfri lager, gärna från Tjeckien eller något annat land i samma region.

Hoppas det smakar!

Foto: Rickard Ljunggren

6. Pannkakor

Pannkakor är kanske inte den nyttigaste maten i världen, men lättlagat och gott. Är man, som jag, småbarnsförälder gör man pannkakor rätt ofta. Ibland som fika eller mellanmål, ibland som middag när tiden tryter. Pannkakor går fort att göra och är dessutom billigt. I dagens stressade samhälle måste man tillåta sig själv att göra "snabbmat" ibland. Ingredienser:

Vetemjöl, salt, mjölk, smör och vaniljsocker.

Detta behöver du:

Körkort, bil, matvarubutik och pengar.

Så här gör du:

Köp pannkakor som är nästan färdiga att äta, så kallat halvfabrikat. Grädda färdigt i mikrovågsugnen efter hand som det går åt.

Garnera anrättningen efter behag, vanligast är sylt och/eller socker, men var inte rädd för att blomma ut. Grädde, glass, chokladsås kan också förekomma som alternativ. Är du en hälsomänniska och tänker på ditt dagliga proteinintag kan du lägga i köttfärsås eller kanske en korv.

Rulla ihop pannkakan till en cylinderformad delikatess, ät och njut!

Som avslutning vill jag tillägga att jag är medveten om att det är något stigmatiserat med halvfabrikat, att en del anser att det är sämre än att laga mat från scratch. Jag anser att det inte är så, det är olika sidor av samma mynt. I dagens stressade samhälle finns inte alltid tiden över till långkok, ibland behöver det gå lite fortare. Särskilt för oss småbarnsföräldrar.

Foto: Rickard Ljunggren

7. Kotlett och pommes

Nu när vi kommit till kapitel 7 höjer vi nivån lite grand! Har du övat några gånger på stekskolan i kapitel 1 lär det gå som en dans på rosor! Vi ska steka kotletter, som är en del från grisen. Vad är då konstigt med detta, kanske flera av er undrar? Det som skiljer kotletter från korvar, som vi tidigare stekt i kapitel 1, är att alla kotletter har ett individuellt utseende. Två kotletter är aldrig likadana, aldrig lika tjocka eller lika stora. Man får helt enkelt tillämpa situationsanpassad stekning, där varje kotlett ses som en individuell och unik enhet. Vad som gör det ytterligare krångligt är att det inte finns en klar linje att gå efter när det gäller stektid. Det är upp till dig som kock att avgöra hur välstekta och gyllenbruna du vill servera kotletterna. Samtidigt kan man kanske säga att dessa variabler gör matlagningen enklare. Utan klar gräns för när kotletten anses färdigstekt går det inte att misslyckas. Så länge ingen blir sjuk av maten kan man anse sig framgångsrik i köket. Ett tips är att fråga matgästerna hur de vill ha sitt kött serverat.

Glöm inte att krydda köttet, även här efter eget huvud. Jag använder ofta svartpeppar och grillkrydda, två kryddor som jag känner igen och är bekväm med att använda. Kotletterna ska vändstekas, precis som vi gjorde med korvarna i början av boken. När du vänt kotletterna i halvlek, krydda även den andra sidan. Det brukar bli godast så. Har du pretentiösa vänner kan det säkert hända att du får rådet att marinera köttet en god stund innan tillagning, med motiveringen att det blir mycket godare. Mitt förslag är att du sparar detta till ett tillfälle då någon annan har hand om disken.

Till kotletterna serverar vi pommes frites och ketchup, vilket gör kostcirkeln komplett.

Har du tillgång till fritös blir dina pommes frites som godast, i annat fall går det även att göra pommes frites i ugnen. Överdriv med matfett om du gör pommes i ugn så blir dom godare och smakar nästan som friterat. Starta ugnen på 225 grader och behåll denna temperatur under hela tillagningen. Några gånger under tillagningen bör du öppna ugnen och vända runt dina pommes, så att alla blir ungefär lika mycket tillagade. Dina pommes kan anses klara när de börjar växla färg och bli lite mörkare på kanterna. Känns det obekvämt och jäktigt att jobba med ugn och spis samtidigt kan du skicka en vän till att handla pommes i en drive-through. Salt eller grillkrydda på pommes får verkligen dessa att lyfta!

Många väljer cola eller annan kolsyrad läsk till denna rätt, för att få lite "äta-ute-känsla". Själv föredrar jag oftast vatten till matten, nyttigt och gott!

Hoppas det smakar!

Foto: Rickard Ljunggren

8. Husmanskost från Dalarna

Vår gemensamma resa genom det svenska husmanskostlandskapet fortsätter. I detta kapitel blir det husmanskost från Dalarna, närmare bestämt falukorv. Falukorv går att köpa i både rak och svängd modell, där den svängda får anses vara vanligast. Till denna rätt går bägge varianter lika bra. Glöm inte att läsa på förpackningen vilken kötthalt korven innehåller, ju högre desto bättre när man ska tillaga nyttig och näringsrik middag.

Skär falukorven i tunna skivor, nästan som stora slantar. Jag brukar skära mina i slantar som är ungefär 10mm tjocka, men jag vet att vissa föredrar ännu tunnare skivor. Skär därefter ett snitt genom skivan, nästan från mitten ut till kanten. Detta kommer att påverka den färdigstekta korvskivan på så sätt att snittet öppnar sig något och skivorna kommer att se ut som Pac-Man. Det uppskattas ju ofta om man gör det där lilla extra vid matlagning och uppläggning! Ibland kan lite finess vid tillagningen t om bli samtalsämnet kring bordet. Värt att tänka på är att falukorvar, till skillnad från annan korv, ska skalas. Lättast är att skala falukorven innan du slantar den, för mig går det i alla fall fortast. Tänk på att steka falukorven på bägge sidor och ha gärna lite fett i pannan. Vid stekning kan man jämföra falukorv med kotlett. När det gäller frågan hur pass välstekta korvskivorna ska vara finns det inget glasklart svar. Alla gillar olika.

Som kolhydratkälla har jag till denna rätt valt skruvmakaroner, men den erfarne kocken kan även välja idealmakaroner ibland för att få variation. Det finns även en variant med överlägset kortast tillagningstid, kallad snabbmakaroner. Perfekt om du kockar under tidspress! På pastaförpackningen hittar du rekommenderad koktid, respektera denna. Information om hur du tillagar pasta hittar du i kapitel 2.

Servera med senap och/eller ketchup och upplev lite matglädje med nära och kära! Ett tips från mig är att enbart använda er av sötstark senap, lika gott till korv som till pasta.

Söstark senap fungerar till de flesta rätterna i boken, jag har snart det på allt utom tandborsten.

Hoppas det smakar!

Foto: Rickard Ljunggren

9. Man tager vad man haver

Uttrycket "man tager vad man haver" är tillskrivet Cajsa Warg, men förekommer inte i hennes verk *Hjelpreda I Hushållningen för Unga Fruentimber.* Boken är drygt 250 år gammal och mycket har förändrats sedan dess. Idag är det inte bara fruentimber som lagar mat, det är självklart att även män rör om i grytan ibland. Ofta väljer män att glänsa under grillsäsong, men självklart kan du även briljera under övriga årstider! Som avslut i denna kokbok vill jag nämna uttrycket "man tager vad man haver".

Var inte rädda för att förändra en rätt efter de ingredienser du råkar ha hemma. Ibland har man kanske inte korvbröd hemma, då går det lika bra med franskbröd! Var heller inte rädd för att förändra en rätt om det behövs av tidsbesparande skäl. Istället för att steka falukorv och tillaga pasta till denna, kan man ibland göra några snabba falukorvsmackor i sin mikrovågsugn. Skiva som vanligt, lägg dom på sirapslimpan du har hemma och värm i mikron! Möjligheterna är oändliga nu när du kommit igång i köket!

Stort tack kära läsare och lycka till i köket!
Bara du kan sätta gränserna för vad du lyckas med!

Med vänliga hälsningar Rickard